DES
HAUTES-ÉTUDES
D'ARCHITECTURE

UN APPEL

A NOS CORPS CONSTITUÉS ET AUX ARCHITECTES INDÉPENDANTS

(Dédié à la mémoire de Duc, fondateur du Concours des Hautes-Études d'Architecture.)

PAR

CÉSAR DALY

Architecte.

Extrait de la *Revue générale de l'architecture et des travaux publics*.
(XVe Volume de la 4e série, 1888.)

PARIS
LIBRAIRIE GÉNÉRALE DE L'ARCHITECTURE ET DES TRAVAUX PUBLICS
ANDRÉ, DALY FILS ET Cie
ÉDITEURS
51, RUE DES ÉCOLES, 51

1888

DES
HAUTES-ÉTUDES
D'ARCHITECTURE

UN APPEL
A NOS CORPS CONSTITUÉS ET AUX ARCHITECTES INDÉPENDANTS

(Dédié à la mémoire de Duc, fondateur du Concours des Hautes-Études d'Architecture.)

PAR

CÉSAR DALY
Architecte.

EXTRAIT de la *Revue générale de l'architecture et des travaux publics.*
(XV° Volume de la 4° série, 1888.)

PARIS
LIBRAIRIE GÉNÉRALE DE L'ARCHITECTURE ET DES TRAVAUX PUBLICS
ANDRÉ, DALY FILS ET Cie
ÉDITEURS
51, RUE DES ÉCOLES, 51

1888

DES
HAUTES-ÉTUDES
D'ARCHITECTURE

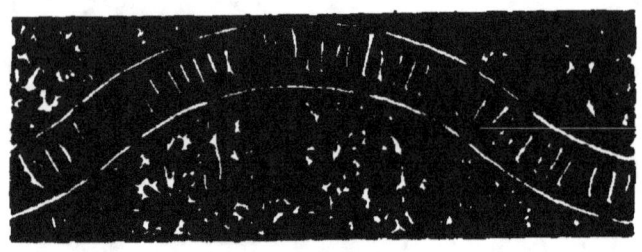

DES
HAUTES-ÉTUDES
D'ARCHITECTURE

UN APPEL
A NOS CORPS CONSTITUÉS ET AUX ARCHITECTES INDÉPENDANTS

I

CE QUE L'ON DOIT ENTENDRE PAR LES HAUTES-ÉTUDES D'ARCHITECTURE.

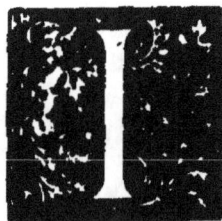L y a quelque temps, je causais avec un de mes confrères des avantages qu'il y aurait à compléter notre enseignement officiel actuel par des cours consacrés aux Hautes-Études d'Architecture. Mon interlocuteur, sans repousser mon idée, me répondit :

« J'ai gardé le souvenir que ce fut M. Duruy, ministre de l'instruction publique pendant les dernières années de l'Empire, qui inaugura une sorte d'institution des Hautes-Etudes d'Histoire, de Philosophie, etc.; je n'ai pas oublié non plus qu'il existe un Concours-Duc fondé en faveur des Hautes-Etudes d'Architecture, et que l'Institut en décerne le prix chaque année, à la suite d'un concours de composition « rendue »; mais — et cela vous étonnera peut-être — jamais je n'ai exactement compris ce qu'on entendait par ces « Hautes-Etudes ».

« Je me doute bien qu'elles constituent une sorte d'enseignement supérieur à celui des collèges, des écoles officielles et des ateliers privés, et qu'elles doivent exercer une influence sur notre conception et notre pratique de l'architecture; mais, cela n'est pas assez……

« Cette conception si vague est cependant, je vous le garantis, celle de la grande majorité de nos confrères. Aussi, si votre désir est de les intéresser sérieusement à l'organisation de cet enseignement supérieur, il ne serait que prudent de commencer par leur dire, en termes très clairs, même pour les esprits les plus modestes, ce que vous entendez par là. »

— En dépit de l'insistance de mon ami, je n'ai pas admis un moment qu'une telle explication fût nécessaire « à la grande majorité » de nos confrères; mais je pense comme lui qu'elle peut l'être pour quelques-uns d'entre eux, et je crois également que pour ceux-ci, des exemples seront plus clairs que des définitions abstraites.

En effet, quand j'aurai dit :

Les Hautes-Etudes d'Architecture ont pour objet de ramener à des vérités fondamentales tous les faits historiques, esthétiques, scientifiques et pratiques relatifs à notre art, en seront-ils plus près de comprendre en quoi consistent les Hautes-Etudes d'Architecture?

J'en doute.

Je fis part de cette réflexion à mon interlocuteur. Il me proposa de donner alors une esquisse rapide des questions qui pourraient composer le programme d'un des sujets devant faire nécessairement partie des Hautes-Etudes; de choisir, par exemple, celui du *Symbolisme architectural*.

« Votre « Revue », ajouta-t-il, a toujours attaché une grande importance à cette étude, qui n'est cependant, pour certains esprits, que du *Rebus architectural*. »

J'esquissai donc, sur l'heure, la série des questions qui suivent. En les parcourant, le lecteur distinguera facilement celles qui appartiennent à l'enseignement quotidien, de celles qui sont restées en dehors de l'instruction habituelle, et comme réservées exprès pour un enseignement supérieur.

―――

Questions sur le Symbolisme architectural.

— Comment définir le mot *Symbole*?

Quelle différence y a-t-il entre le mot Symbole

et les mots Emblème, Apologue, Allégorie, Hiéroglyphe, etc., etc.?

— A quelles sources diverses puise-t-on les formes symboliques?

Que doivent-elles à la nature inorganique, et à la nature végétale et animale?

Que doivent-elles à l'histoire, à la légende, à la mythologie, à la poésie, à la religion, au pur mysticisme, à l'imitation d'usages anciens, etc.?

— En quoi diffèrent les caractéristiques des symboles chez les peuples incultes, les barbares et dans les sociétés arrivées à des degrés divers de civilisation?

— Existe-t-il des *Symboles constants*, c'est-à-dire propres à toutes les races, à toutes les sociétés et à tous les pays?

Citez-en des exemples empruntés à des monuments de styles divers.

— Existe-t-il des *Symboles transitoires*, c'est-à-dire des Symboles qui naissent de conditions spéciales et disparaissent avec ces conditions?

Citez-en également des exemples.

— D'où est venu et à quoi tient encore le besoin des symboles et des figures de discours?

— Quelle est l'origine, spécialement, des symboles adoptés en architecture?

— Quel est le système symbolique qui a caractérisé chacun des styles historiques d'architecture (l'égyptien, l'assyrien, le persan, le gréco-romain, l'indien, l'arabe, le byzantin, le gothique, etc.)?

— De quelle religion et de quel état social est né chacun des styles d'architecture et le système symbolique qui lui appartient?

— Le Symbole, devant être toujours immédiatement compréhensible, est forcément en harmonie avec l'état mental de la population; et comme l'état intellectuel des hommes a progressé constamment sous l'influence de la culture, les symboles ont dû répondre à ce progrès et se développer parallèlement à l'intelligence humaine. Quelle est la loi de cette évolution historique du symbolisme architectural?

— Quelle est l'origine et l'histoire des symboles hybrides et tératologiques : Sphinx, Chérubin, Centaure, Onocentaure, Unicorne, Démons, Gargouilles, etc.?

— Que deviennent les symboles qui sont nés sous l'influence d'une religion et d'une société particulières, et qui ont été associés à un style spécial d'architecture, lorsque cette foi, cette société et ce style ont cédé la place à une autre forme religieuse, sociale et esthétique?

— A une époque de *transition sociale* comme la nôtre, où l'architecture cherche sa voie et son style, quel peut être le système symbolique de son architecture?

— Comme le symbole moderne — qu'il soit d'origine géométrique ou chromatique, végétale ou animale, religieuse, mystique ou légendaire — doit être immédiatement compréhensible pour la très grande majorité des spectateurs (du moins si l'on veut que l'architecture excite un intérêt réellement général), il y a lieu de se demander comment on peut le constituer aujourd'hui, et quels doivent en être les caractères. C'est donc le cas de se poser les questions suivantes, parmi bien d'autres :

— Quels sont les symboles historiques encore utilisables? A quelles sources en puiser de nouveaux? Y aura-t-il, parmi les symboles modernes, des emblèmes naturalistes jusqu'à l'indécence comme en Égypte, des symboles tantôt noblement mythologiques comme en Grèce, et tantôt religieusement mystiques comme au moyen âge, ou auront-ils surtout une caractéristique spéciale propre à une civilisation où s'accusent chaque jour davantage des tendances rationalistes et démocratiques?

— Etc.? — Etc.?

Notre enseignement architectural des Écoles et des Ateliers fournit sans doute des solutions à quelques-unes des questions qui précèdent; mais pour répondre clairement à toutes, des études plus élevées ne seraient-elles pas nécessaires?

— Je n'ai encore parlé que du *Symbolisme*; j'aurais pu choisir bien d'autres sujets importants. En voici quelques exemples.

1° *Les Styles historiques d'Architecture*, envisagés :

— dans leur origine, développement et décadence; montrant comment chacun est né d'un état précédent de l'architecture et a préparé un état subséquent, c'est-à-dire un Style nouveau;

— dans leurs rapports avec la religion et la civilisation contemporaines de chacun d'eux;

— dans la détermination des conditions religieuses et sociales compatibles avec la création et le développement d'un Style d'architecture, et celles, au contraire, qui sont incompatibles même avec l'existence d'un Style d'Architecture;

— Etc. ; — Etc.

2° *Les Ecoles d'Architecture* (classique, gothique, rationaliste, éclectique et sceptique) considérées :

— dans les causes qui leur ont donné naissance ;

— dans leurs doctrines, leur utilité, et même leur nécessité provisoire;

— dans les lois esthétiques par lesquelles ces Ecoles se rapprochent, et celles par lesquelles elles s'écartent les unes des autres;

— dans leur tendance actuelle à une concentration générale sur le terrain neutre de l'éclectisme, et ce qui pourra résulter de cette concentration;

— Etc.

3° *Les Esthétiques historiques, et l'Esthétique scientifique moderne en voie de création.* — Chaque Style d'Architecture relève d'une esthétique spéciale, d'où suit la nécessité d'exposer les principes esthétiques de chacun des styles historiques d'architecture, et de montrer quel est et quel doit être le rôle des anciennes doctrines esthétiques dans l'enseignement actuel de notre art et dans les Ecoles diverses qui en gouvernent la pratique. — Il importe encore plus de faire connaître les fondements positifs de l'*Esthétique scientifique* qui s'élabore rapidement sous nos yeux, les parties qui en sont définitivement constituées, et dans quelles directions les recherches complémentaires sont à faire.

4° *L'Architecture comparée :* — Ressemblances et différences entre les Styles, — entre chaque classe spéciale des monuments de chaque Style (temples, tombeaux, théâtres, habitations, etc., etc.), — entre tous les éléments constructifs et décoratifs des édifices de chaque style (murs, portes, fenêtres, toits, moulures, décorations végétales et animales, etc.).

— Etc. Etc.

5° *Les progrès des Sciences* considérées au point de vue de leur influence sur l'architecture.

6° *Les progrès de la Technologie et de l'Indus-*

trie, ou des Sciences appliquées, considérées au point de vue précédemment indiqué ;

7° *L'influence sur l'architecture des progrès accomplis dans la grande circulation* terrestre et maritime, et le développement chaque jour plus accentué du *mouvement commercial et financier.*

8° Etc. Etc.

On le conçoit, je ne jette ici qu'une esquisse rapide et très incomplète. Ceci n'est pas un programme des Hautes-Etudes d'Architecture ; c'est simplement un croquis de quelques-uns de ses aspects, destiné à faire entrevoir ce que devraient et pourraient être ces Hautes-Etudes.

La somme de talent, d'ingéniosité, d'invention, de savoir et d'habileté technique et esthétique, répandue à travers la corporation des architectes, est énorme. Il s'agit d'opérer la concentration de ces mérites, grâce à la création des Hautes-Etudes d'Architecture.

Seules les Hautes-Etudes peuvent harmoniser et amener à des principes communs les idées et les sentiments qui animent le groupe tout entier des architectes ; idées et sentiments qui, dans un temps donné et dans des conditions sociales qui se constituent rapidement autour de nous, feront naître l'unité doctrinale de notre art et éclore un Style nouveau d'architecture.

Duc a voulu hâter cette éclosion par la fondation de son Concours en faveur des Hautes-Études d'Architecture. C'est à Duc — un précurseur — que je dédie cet *Appel*. S'il vivait encore, il serait, malgré son grand âge, le premier à « combattre le bon combat ». C'est en invoquant son souvenir sympathique que j'adresse et soumets ce travail à mes confrères.

II

CE QU'ON A FAIT POUR LES HAUTES ÉTUDES JUSQU'A CE JOUR

Nous avons en France une *Académie des Beaux-Arts* (de l'Institut) avec sa section d'Architecture. Il existe des *Sociétés d'architecture* tant à Paris qu'en Province, une *École des Beaux-Arts* renommée à Paris, fournissant chaque année de nouveaux membres aux groupes de ses anciens élèves d'élite : les élèves de l'*École de Rome* et les *Diplômés*. Il existe également un corps important de *Diocésains*. Enfin, en dehors de ces groupes divers, nous avons les *Indépendants*, c'est-à-dire les chefs des écoles et ateliers libres, et les individualités éminentes qui n'ont pas eu besoin de l'estampille officielle pour faire reconnaître leur mérite.

A tous ces confrères distingués nous allons présenter des observations. Qu'ils n'y voient pas un blâme plus ou moins déguisé ; mais simplement la constatation d'une situation mauvaise, qu'il est de leur devoir, de leur intérêt et en leur pouvoir d'améliorer, de transformer. Nous nous adresserons à chacun d'eux tour à tour pour les en convaincre.

L'Institut de France.

Quelle est la mission de l'Académie des Beaux-Arts de l'Institut ?

Aux yeux du public, l'Académie c'est le Sénat de l'art, c'est-à-dire une institution conservatrice des grandes traditions esthétiques.

C'est cependant l'éclectisme qui domine dans les œuvres des membres qui composent la section d'architecture de l'Institut. Cela est incontestable.

Cette contradiction, réelle je crois, apparente tout au moins, entre la mission qu'on prête généralement à l'Académie et la pratique professionnelle de ses membres, n'appelle-t-elle pas une explication ? L'Académie pourrait-elle justifier son éclectisme quasi-officiel et démontrer qu'il se concilie parfaitement avec sa mission conservatrice ? Peut-elle affirmer et démontrer que son éclectisme pratique est un progrès sur la fonction conservatrice qui lui est généralement reconnue ?

Cela n'a pas été fait. Était-il possible de le faire ?

En attendant, on se demande si notre Sénat architectural n'est pas en dérive, et s'il voit bien lui-même où il va ; s'il distingue parfaitement ce qui est à conserver et ce qui est à rejeter des doctrines anciennes et nouvelles ? quels sont les principes qui doivent le diriger dans ce triage du vrai et du faux en matière d'architecture (1)? et enfin, ce que devient un corps académique qui ne représente plus, ni le principe de la conservation, ni une Ecole doctrinale ; mais simplement un rang d'individualités éminentes « touchant les coudes à gauche ».

L'Ecole des Beaux-Arts de Paris.

Tous les concours de l'Ecole révèlent également l'action dominante de l'Eclectisme. Cependant on n'y définit ni ses principes, s'il en a, ni les dangers ou les avantages qu'il offre, ni sa nécessité, ni les conditions de sa durée. « Rien, rien, rien ! » comme disait un député sous la Monarchie.

Les jeunes concurrents de l'Ecole agissent donc dans l'obscurité de leur instinct ou sous la poussée d'une force complexe dont les composantes leur échappent (2).

---

(1) Voir la Note A de l'Appendice, à la fin de cet « Appel ».
(2) Voir la Note B de l'Appendice.

Les Sociétés d'architecture de Paris et de Province

Laquelle de ces « *Sociétés* » a jamais constaté l'étrange état d'esprit des architectes, s'attachant ici à des Ecoles historiques, là à un rationalisme parfois si énergique que l'architecte disparaît derrière l'ingénieur, ailleurs à une liberté qui s'exerce au gré de la fantaisie et au mépris du sens historique des traditions architecturales, et qu'on a même caractérisée finalement du nom de l'Ecole du « *Je m'en f..s !* »? (1).

Laquelle de ces *Sociétés d'Architecture* a jamais déclaré que cette confusion était manifeste pour elle, et qu'il était temps d'y porter une lumière assez vive pour la rendre sensible à tous?

Laquelle d'entre elles a tenté, ou demandé qu'il fût tenté, soit d'expliquer simplement les causes de ce désordre, soit de faire plus encore, c'est-à-dire d'en indiquer le remède?

Les Romains et les Diplômés.

Nous avons un groupe d'élite sorti de notre École parisienne des Beaux-Arts, le groupe des *Diplômés en architecture*, dans lequel semble disposé à se fondre tout ou partie du groupe éminent des *anciens élèves de Rome*.

---

(1) Voir la Note C de l'Appendice.

En tout cas nous les mentionnerons ensemble. Eh bien ! qu'a fait ce double groupe d'élite pour éclairer la situation, pour développer les *Hautes Études* d'architecture ?

Plus qu'à personne l'initiative semblerait cependant leur revenir : « *Noblesse oblige !* » est toujours une devise française.

Les Diocésains.

La plupart d'entre eux appartiennent à l'Ecole historique du Moyen âge, dont ils sont la vraie force. Cette Ecole connaît certainement plus à fond l'histoire de la phase architecturale qu'elle préconise, que l'Ecole classique n'a jamais connu l'antiquité Greco-Romaine. Le Moyen âge, il est vrai, est plus près de nous, et ses monuments sont sous nos yeux. Mais ce groupe a eu longtemps l'inconvénient de ses qualités : il s'est montré le moins tolérant, le plus puriste si vous voulez, des écoles historiques.

Cette rigueur, irréprochable, très louable même, au point de vue archéologique, contient malheureusement un principe d'étroitesse inconciliable avec la liberté de l'art contemporain; aussi l'influence de l'Ecole gothique sur l'esprit public, après un bel essor, s'est-elle déjà considérablement affaiblie. Il n'est que temps d'y regarder. Les gothiques anglais sont devenus éclectiques depuis des années déjà, et si l'éclectisme n'est pas une *doc-*

trine, c'est tout au moins de la *tolérance pratique*. C'est un certain accord rendu possible entre un style historique et les progrès accomplis dans la science, l'industrie et les mœurs du jour. Les Anglais sont toujours pratiques.

Nos *Diocésains* peuvent faire mieux et plus grand que cela.

Représentants réellement savants d'une branche historique d'architecture qui a été pour la France une gloire nationale, n'y aurait-il pas pour eux tout avantage et tout honneur, ne pouvant tout dominer, tout attirer à eux, d'assurer tout au moins à la phase architecturale de leur prédilection, la place qui lui appartient dans l'évolution historique générale de notre art, et de faire constater combien, dans le mouvement de culture esthétique du génie humain, a été grande l'influence du Moyen âge et de la France?

Moralement, la mission qui s'offre à eux est réellement glorieuse. Pratiquement, son utilité sera aussi grande; car il y a là, pour les *Diocésains*, une belle ouverture sur l'art contemporain.

Que les *Diocésains* nous garantissent la conservation de nos anciens édifices, rien de mieux; mais qu'ils se décident franchement à s'associer aussi à l'action *progressive* de leurs contemporains. Si, à toutes les époques, l'architecture doit donner satisfaction aux sentiments et aux besoins de ses créateurs, elle est également et elle sera toujours plus ou moins un art traditionnel. Que les *Diocésains* élargissent donc le cadre de leur action. La science historique du Moyen âge formant un contingent indispensable des *Hautes Études d'architecture*, qu'ils ne laissent pas s'organiser en dehors d'eux et sans eux la science historique intégrale de notre art; sans quoi elle se fera certainement, sinon contre eux, du moins contre l'*esprit de secte* qui dès lors les caractériserait définitivement. Les *Diocésains* sont trop intelligents pour se laisser acculer de la sorte.

Enfin, il y a :

Les Indépendants.

Quel est celui d'entre eux qui s'est encore attaché fermement, dans l'intérêt des progrès de l'architecture, à provoquer le développement des *Hautes-Études*, en dehors desquelles le progrès se fait au hasard des accidents du jour ?

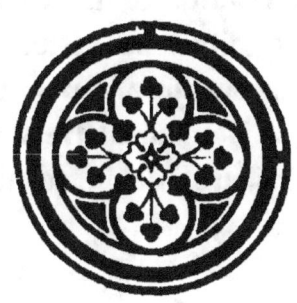

III

CE QU'ON DEVRAIT ET POURRAIT FAIRE AUJOURD'HUI
POUR LES HAUTES-ÉTUDES

Tous les progrès sont solidaires : la circulation rapide des voyageurs et des marchandises est née seulement du jour où l'on a pu substituer, sur terre, la force mécanique de la locomotive à la force vivante du cheval, et sur mer, l'action de la vapeur à celle du vent. Sans la grande perfection de nos routes, aurait-on pensé à former un corps de vélocipédistes militaires ?

Or, on a organisé les *Hautes Études* en faveur de l'Histoire, de la Philosophie, de la Philologie et de la Science des Religions, aussi bien que des Sciences logiques et d'observation ; on n'a oublié ni le Commerce ni les Finances ; et on n'a pas encore fait un pas sérieux dans cette voie en faveur de l'Architecture, qui se ramifie cependant à la fois dans les domaines divers de la philosophie, de l'art, de l'histoire, de la science, de l'industrie et des affaires (1).

---

(1) Nous exceptons exclusivement : 1° l'institution du Prix-Duc, tout à l'honneur du fondateur, mais jusqu'ici mal patronnée et comprise par l'Académie ; 2° la mise au concours par la section d'architecture de l'Académie de la question suivante (Prix-Bordin) :

L'*Institut* a déjà perdu de son autorité : on n'y voit plus le Sénat de l'art. N'est-il pas à craindre qu'on n'y voie un jour simplement un groupe de privilégiés ? L'initiative de grands services dans les *Hautes Études de l'art* pourra écarter de lui ce danger. Une telle initiative, prise nettement et suivie avec persévérance, lui restituerait du coup la considération de tous, en la justifiant.

Si l'*École des Beaux-Arts* reste étrangère aux *Hautes Études*, ne craint-elle pas d'être envisagée comme une école d'enseignement secondaire, comme le « four à bachot » de l'architecture, laissant en dehors d'elle les grades supérieurs (licence et doctorat) et appelant par cela même, forcément, une « École normale », c'est-à-dire une « École supérieure, » pour compléter son « enseignement secondaire » ? Qu'elle crée donc elle-même ou qu'elle réclame la création, chez elle, d'une section des *Hautes Études*, si elle veut conserver et agrandir encore sa vieille renommée.

Et les *Sociétés d'architecture* de France, dont le

(Rechercher s'il existe une esthétique commune, applicable aux monuments appartenant aux grandes époques de l'art. — Étudier à ce point de vue les monuments égyptiens, grecs, romains et ceux du moyen âge, de la Renaissance et des temps modernes jusqu'à la fin du XVIII⁰ siècle); et 3⁰ la proposition faite par M. A. Normand au Congrès de 1885 de s'occuper des Hautes-Études d'architecture. Nous ne rappellerons que pour mémoire les efforts constants de la « Revue » pour aboutir à ce résultat.

développement est d'autant plus désirable que ces groupes représentent l'intérêt corporatif général et se concilie admirablement avec l'esprit démocratique de notre pays, ne craignent-elles pas, à négliger si complètement les questions qui nécessitent les *Hautes Études* de notre art, de se voir considérer simplement comme des espèces de *Syndicats d'affaires*, et non pas comme des autorités à consulter aussi bien dans les matières esthétiques, historiques et scientifiques de l'architecture, que pour les questions pratiques de la profession ?

Les *Romains* et les *Diplômés*, admettent-ils qu'il soit possible, à eux plus qu'à l'Académie elle-même, de conserver une <u>*autorité consentie de tous*</u>, s'ils se bornent à faire valoir diplômes et titres pour s'asseoir tranquillement dans les fonctions officielles ? A s'occuper de soi trop exclusivement et à perdre de vue les questions désintéressées du progrès général, ne voit-on poindre aucun danger ?

Qu'est-ce qu'une coterie, en effet, sinon un sous-groupement en vue seulement, ou surtout, d'un intérêt personnel ? Rien là d'illégitime en soi, assurément ; mais l'ambition des *Romains* et des *Diplômés* doit-elle, peut-elle avoir un but aussi étroit, aussi strictement personnel ? Qu'on ne l'oublie pas : toute coterie appelle inévitablement et justifie une réaction du dehors. On peut éviter cela. Il faut l'éviter. La corporation entière est naturellement intéressée à ce que l'élite sortie de ses écoles conserve toute sa dignité et conquière des droits à l'estime et à la reconnaissance publiques. Veut-on, peut-on aller contre ce sentiment?

Le moyen d'y satisfaire? S'occuper des grands *intérêts collectifs* du corps et des *progrès de l'art*, tout autant que des intérêts de leur groupe spécial.

Aux *Diocésains* nous avons dit toute notre pensée.

Aux *Indépendants* nous recommandons l'examen des réflexions diverses soumises aux groupes constitués. Si l'initiative fait défaut à nos groupes plus ou moins officiels, que les *Indépendants* montrent à tous ce que peut l'initiative libre, agissant sous l'impulsion d'un amour sincère de l'art.

Dans le domaine architectural, où se révèlent chaque jour tant d'expérience, d'habileté, d'ingéniosité et de finesse, ce sont surtout les *Hautes Études* qui sont en souffrance, et leur négligence à s'en occuper place les architectes dans un état d'infériorité devant les historiens, les philosophes, les philologues, les savants, les ingénieurs de l'État, les commerçants, etc.

Est-il possible, nous le demandons à l'*Institut*, à l'*Ecole*, aux *Sociétés*, aux *Romains*, aux *Diplômés*, aux *Diocésains*, aux *Indépendants*, à TOUS, — est-il possible que l'art plastique par excellence, la science appliquée la plus vaste, l'industrie technique la plus universelle, le symbole social le plus clair et le plus complet, l'instrument historique le plus instructif, le plus fidèle et éloquent, reste incompris par tant de ses côtés, de ceux-là mêmes qui sont le plus intéressés à ce que le public acclame la grandeur de leur art ?

La dignité de l'*architecte* n'est-elle donc pas solidaire du respect qu'on accorde à l'*architecture* ? (1).

— *Aux confrères de bonne volonté, et à tout bon entendeur, salut !*

IV

L'ÉTRANGER ET LE CENTENAIRE DE 1789

Les Pays étrangers et le Centenaire de 1789 sont aussi à considérer dans leurs rapports avec l'organisation des *Hautes Etudes d'Architecture* en France. Nos confrères entendent-ils, oui ou non, sauvegarder le vieux renom de l'art français en présence de la concurrence étrangère ? Entendent-ils prendre à la fête du Centenaire la place qui leur est assignée par la nature même de cette fête ? Deux questions à examiner et qui demandent une solution précise. Commençons par la première.

---

(1) Voir Note D de l'Appendice.

Guizot, dans son *Histoire de la Civilisation*, écrivait avec raison : « Il n'est presque aucune grande « idée qui, pour se répandre dans le monde, n'ait « passé auparavant par la France ». Voulons-nous que cette vérité ne soit plus qu'une vérité historique, ou voulons-nous qu'elle soit toujours la vérité vivante de notre pays? Au delà de nos frontières on dit que la France est déchue ; voulons-nous donner un nouveau prétexte à cette calomnie? Voulons-nous, étant mis en demeure par le bon sens et la nécessité des choses d'organiser les *Hautes Études d'Architecture*, que ce soient nos confrères de l'étranger qui nous en donnent l'exemple?

L'Allemand est savant, l'Anglais voyageur et persévérant, l'Américain plein de sève jeune et d'initiative résolue; nous ne sommes plus seuls à avoir des écoles à Rome et à Athènes, et sur les routes conduisant aux grands foyers de l'art on rencontre encore plus d'étrangers que de Français; qu'on soit donc bien persuadé que si nous n'avançons pas, nos voisins le feront et nous laisseront en arrière.

Si les architectes de France ne se hâtent pas de donner à leurs confrères de tous les pays l'exemple d'un progrès architectural que les circonstances réclament impérieusement, nous aurons certainement la douleur de voir, à bref délai, des mains plus fermes s'emparer du drapeau des Hautes-

Études, destiné à rallier autour de lui tous les penseurs et les artistes du monde civilisé.

Cette hypothèse soulève une nouvelle idée : celle d'un *Congrès international* en vue d'organiser les Hautes Études de notre art. Les Congrès internationaux seront fréquents un jour, et ce sera un progrès ; mais l'Europe n'est-elle pas trop troublée aujourd'hui pour qu'on y puisse penser ? Que d'hostilité ne soulève pas déjà notre Exposition universelle associée à la fête du Centenaire !

C'est l'an prochain, en 1889, que la France célèbre le centenaire du plus grand événement politique et social que le monde ait connu depuis la fondation du Christianisme. Eh bien, nous, les architectes de France, comment comptons-nous figurer à cette fête ? Par la tour Eiffel, une œuvre du génie civil ? Par les bâtiments de l'Exposition qui, espérons-le, nous feront cette fois plus d'honneur que le Trocadéro de 1878, mais qui, en tout cas, ne représenteront pas la corporation ? Par la Bastille ressuscitée, œuvre d'archéologie pure ? Par l'exposition de nos projets et modèles d'édifices, complétée par celles de nos industries du bâtiment ? Ce serait insuffisant.

Ne sent-on pas, à consulter les intérêts de l'art et le sentiment du patriotisme sous sa forme la plus élevée, que l'inauguration des *Hautes Études d'Ar-*

chitecture serait tout particulièrement en harmonie avec la fête du Centenaire ? Le Centenaire commémore, en effet, un événement destiné à clore le vieux monde du privilège, de la servitude et de l'égoïsme social, pour faire naître un monde nouveau, de *liberté* (qui est la vie même de l'art), d'*égalité* des droits (qui est la justice), et de *fraternité* (devenue un devoir social aussi bien que religieux) ? Eh bien, a-t-on oublié que l'*Architecture est le symbole social par excellence* ? et qu'une société nouvelle demandera son architecture à elle, un style qui soit l'expression de son âme vivante ? L'architecture laissera-t-elle échapper cette occasion unique d'associer sa vie à celle de la nation ?

L'Architecture actuelle, sans lien intime et puissant avec le sentiment public, comme la peinture et la sculpture, n'est-elle pas dans un fâcheux état de torpeur d'où il importe de la faire sortir ? Qui visite la section d'architecture du Salon annuel ? Les architectes seuls ou à peu près. Le public n'y prend aucun intérêt.

Cet intérêt il faut l'éveiller. Comment ? Ce sera justement une des plus importantes questions à traiter dans les *Hautes Études* : Mettre l'architecture de plus en plus en rapport avec les idées et les sentiments de la Nation; idées et sentiments d'où est née la révolution de 1789 et que cent ans d'épreuves n'ont fait qu'enraciner davantage au fond de son âme.

« *Noblesse oblige* » disions-nous tantôt en parlant aux *Romains* et aux *Diplomés* ; à plus forte raison le dirons-nous en nous adressant au corps entier des architectes de France, du pays des grandes traditions architecturales depuis la décadence romaine, et de l'élan prodigieux vers le progrès qui a consacré la date de 1789.

Ce progrès réclame son symbole architectural.

Au Centenaire de l'an prochain, inaugurer les *Hautes Études* de notre art, ce sera affirmer que nous sommes sous les armes et prêts au devoir.

CÉSAR DALY.

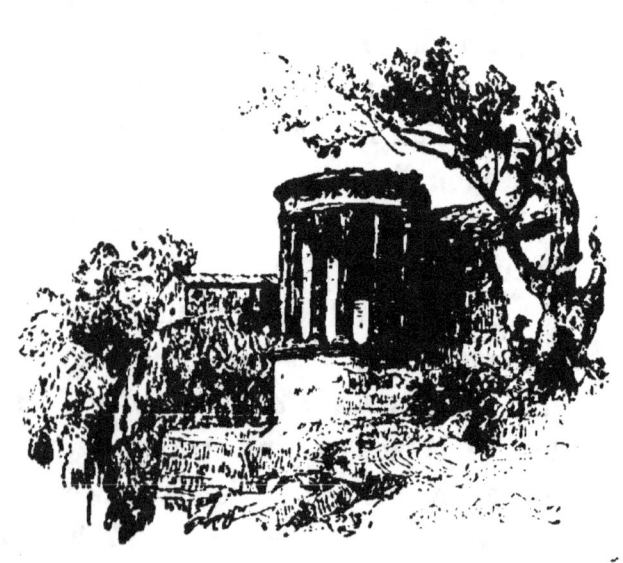

APPENDICE

APPENDICE

Note A

Si de grands talents comme Constant Dufeux, Viollet-le-Duc, Godebœuf, etc., ont été écartés de l'Institut; si des artistes comme Duban, Labrouste, Duc, etc., ont eu bien de la peine à y entrer, il faut reconnaître toutefois que de nos jours les membres de la Section architecturale de l'Institut ont tous des titres sérieux à la considération de leurs confrères. Tous les grands talents ne sont pas à l'Institut; mais il ne s'y trouve que des gens d'un réel mérite. Il n'en a pas été toujours ainsi.

J'avais besoin de faire cette déclaration sur la valeur des *individus*, voulant « parler franc » au *groupe*, au nom d'un intérêt général.

Non, l'Institut ne remplit pas sa mission de conservateur des grandes traditions, de pondérateur des forces aveugles qui agitent le monde de l'art. Ses membres font tous de l'éclectisme, et l'éclectisme c'est le pillage et l'utilisation plus ou moins habile des vieux monuments, mais pas du tout la conservation des grandes traditions historiques.

L'Institut serait-il devenu progressiste par hasard, et me serai-je trompé en lui prêtant le rôle de grand conservateur? Nullement; l'Institut n'est pas progressiste, et je ne citerai qu'un seul exemple pour le prouver. Il en dit assez. Il en dit trop.

Duc, lui-même membre de l'Institut, mais qui avait été mêlé aux Saints-Simoniens pendant sa jeunesse, en avait retenu une formule précieuse, bien qu'il n'en vît qu'imparfaitement la grande portée, et que les Saint-Simoniens eux-mêmes, à ma connaissance du moins, ne l'aient jamais développée avec l'ampleur que le sujet réclamait.

Le mouvement social, disaient-ils, *offre deux phases successives : l'une* ORGANIQUE, *l'autre* CRITIQUE.

La Première est celle où règne un principe D'ORDRE GÉNÉRAL ; *la Seconde, celle où ce principe est devenu l'occasion d'une* LUTTE, *étant contesté par les uns et défendu par les autres.*

Il n'était que logique de conclure que l'architecture moderne traverse une *époque critique* (1). Duc le comprit. Il reconnaissait, en effet, la contradiction qui existe entre les Écoles contemporaines d'art, et il voulut contribuer de ses efforts personnels et de sa bourse à ramener un nouvel *ordre organique* dans l'architecture. Il fonda dans ce but un concours annuel avec un prix de 2,000 francs. Ce concours avait en effet pour objet explicite : *de déterminer, par des études spéciales*, LE STYLE DE L'ARCHITECTURE MODERNE (2).

A Duc revient donc l'honneur de l'initiative pratique des *Hautes Études d'Architecture* en France. A Duc personnellement, s'entend.

Duc cependant a voulu placer sa création sous le

---

(1) J'ai traité cette question de philosophie d'histoire sociale et architecturale dans mes *Motifs historiques* (1ʳᵉ série). Sous le titre de « *l'Architecture de l'Avenir* », dans ma *Revue d'Architecture* (année 1860, Vol. 27, col. 10 et suivantes) j'ai développé la même thèse.

(2) Voy. *Vol.* XLI (année 1884) de cette *Revue*, col. 213 et 280, un article de moi sur le Prix ou Concours-Duc.

patronage de l'Académie. En acceptant ce devoir de patronage, l'Académie n'a-t-elle pas contracté celui de rendre efficace le Concours-Duc? Qu'a-t-elle fait pour cela?

Duc, dans l'*Instruction* qu'il fournit à l'Académie, dit expressément que le nouveau concours « *ne doit pas être le renouvellement de ces exercices d'où naissent tous les jours, à l'École des Beaux-Arts, d'ingénieuses et brillantes compositions;* » il dit que le concours qu'il veut fonder a, AU CONTRAIRE, pour objet défini : *de déterminer le* STYLE ET LA FORME DES ÉLÉMENTS DE L'ARCHITECTURE MODERNE.

Pour les concurrents — des jeunes gens le plus souvent, — cette indication générale était insuffisante, j'en conviens; elle demandait des développements pour empêcher les concurrents de s'égarer. Qu'était-ce, en effet, qu'un *Style* d'architecture? Quel est le principe fondamental d'un *système organique* d'architecture? Comment les *Styles* d'architecture se sont-ils créés dans le passé? Des circonstances analogues favorables à la formation d'un *Style moderne* existent-elles aujourd'hui? et quelles sont-elles?

Ces questions n'ayant pas été exposées avec l'ampleur suffisante dans l'*Instruction* fournie par Duc à l'Académie, et n'ayant jamais fait partie de l'enseignement de l'École des Beaux-Arts, les concurrents avaient certainement besoin d'un guide, d'un commentaire approfondi quant à l'objet du concours. N'était-ce pas à l'Académie à le fournir? N'avait-elle pas accepté le patronage du Concours et la responsabilité qui s'attache à celui qui en décerne le prix?

Qu'a fait l'Académie? Rien. — Quelles mesures a-t-elle prises pour éviter, comme le demandait Duc, que son concours des *Hautes Études* fût semblable « aux concours brillants de l'*École des Beaux-Arts?* » Aucune. — Quel rapport a été rédigé par les soins de l'Académie pour expliquer et même justifier son jugement dans les sept concours dont elle a déjà décerné les prix? Aucun. De tels Rapports auraient cependant créé tout au moins la jurisprudence du Concours-Duc.

L'Académie, en se bornant à décerner des prix, s'est-elle convaincue qu'elle a sérieusement encouragé les *Hautes Études* que Duc cherchait spécialement à développer? — qu'elle a fait le nécessaire pour que le Concours-Duc atteignît son but : celui de déterminer *les formes du Style moderne d'architecture?* — qu'elle n'a jamais confondu le Concours-Duc, destiné à favoriser exclusivement les *Hautes Études*, avec les concours ordinaires ayant pour but simplement de *bonnes études*, mais étrangères absolument à la recherche d'un *Style nouveau, moderne, d'architecture?*

J'avais dit à Duc — trop tard — et j'ai écrit ensuite dans cette *Revue*, que le premier concours aurait dû s'ouvrir sur un programme commenté, donnant toutes les instructions nécessaires pour bien faire comprendre le but et le caractère du concours. Jusqu'à ce que ce commentaire soit fourni, le Concours-Duc n'atteindra pas du tout le but que visait son fondateur.

Note B

A qui ou à quoi attribuer les lacunes dans l'instruction fournie aux élèves par « l'École »? Non pas aux professeurs, je pense.

La grande majorité des élèves demande à l'École les connaissances indispensables pour exercer la profession d'architecte et s'assurer un moyen honorable d'existence. L'École leur offre pour cela un sérieux enseignement de la construction et de la composition architecturales, et une instruction historique un peu étroitement moyenne. Ajoutons que les élèves deviennent souvent de très brillants dessinateurs. La majorité trouve donc à l'École ce qu'ils y cherchent.

Mais l'élite, l'état-major, les généraux futurs de l'armée architecturale, que fait l'*École* pour eux? L'*École* traite les futurs généraux de l'art comme si ils étaient destinés à ne porter jamais que les trois galons de capitaine. C'est au sortir de l'*École* que nos futurs grands artistes, par leurs seuls efforts personnels, doivent faire les *Hautes Études* indispensables pour occuper avec succès les fonctions élevées auxquelles ils aspirent; mais à Rome même il n'existe pas de conférences sur les *Hautes Études*, pas même des études d'architecture comparée (1).

Note C

L'École du « *Je m'en f..s!* » est l'enfant très légitime

(1 Nous reparlerons spécialement un jour de la constitution de l'*École de Rome*, que d'aucuns voudraient supprimer. Elle n'atteint plus, il est vrai, comme à l'époque de sa fondation, les « *colonnes d'Hercule* » du pays architectural. Ce pays s'est étendu singulièrement depuis le XVIIe siècle, et il importe aujourd'hui d'en prendre la possession entière et d'une main résolue. Le futur « élève de Rome », — conservons le nom provisoirement — devrait gagner d'abord son diplôme, et se familiariser ensuite avec tous les grands foyers historiques et autres de notre art. Déjà les *Romains* forment le seul groupe qui s'occupe réellement d'une branche des *Hautes Études*; mais

de l'École du « *Cela fait bien!* » (1) : toutes les deux ayant pour principe et pour but le goût exclusivement personnel de l'artiste, sans égard aux principes d'une doctrine esthétique spéciale quelconque. Seulement l'enfant le proclame plus haut et plus rudement que la mère.

Cet enfant mal élevé est un sensualiste solitaire ; il ne sent pas le besoin impérieux d'un associé dans son sensualisme esthétique. A un degré physique beaucoup plus bas et même vil, la Bible a donné un nom au solitaire sensuel, et Dieu l'a frappé de mort. Si énorme que soit l'écart qui les sépare, — la distance entre la matière et l'esprit — les deux solitaires parcourent cependant des chemins parallèles.

L'École moderne du « *Je m'en f..s!* » n'a rien inventé, pas même son nom étonnant. Il lui est arrivé directement de la grande Révolution, où le fameux « *Père Duchêne* » comptait parmi ses concurrents, le journal : « *Je m'en f..s!* », titre enjolivé de l'épigraphe : « Liberté, *libertas*, fout...e! ». L'enseigne qu'a voulu arborer le groupe sceptique de nos architectes, montre la pente où glissent les Écoles trop personnelles.

---

c'est l'arbre entier qu'il faut cultiver sous peine de voir mourir les branches.

Le travail d'expansion nécessaire de ces études est commencé déjà : les *Romains* vont à « *l'École d'Athènes* » et deviennent voyageurs. On tiendra certainement compte, dans la réorganisation future de « *l'École de Rome* », de ces indications et des nécessités qui découleront de l'organisation générale des Hautes Études. L'*École de Rome* n'est pas à détruire ; MAIS PAS DU TOUT ; elle est au contraire à *transformer et à développer grandement*. Mais à parler si brièvement je risque d'être mal compris. Question à revoir à loisir et à traiter avec ampleur. Question capitale mêlée à plusieurs autres également de premier ordre.

(1) Voy. dans le n° 48 de « *la Semaine des Constructeurs* », 12ᵉ année de la Collection (1888), un article de moi intitulé : *Les quatre Écoles contemporaines d'Architecture*.

Note D

Quelques lecteurs me demanderont quelle voie est à suivre pour faire créer l'enseignement si désirable des *Hautes Études d'architecture*. D'autres réclameraient même volontiers le *Programme* complet de ces études.

Je comprends cette impatience, fort naturelle; mais ce que j'écris aujourd'hui a pour objet, non pas d'offrir mes solutions personnelles, mais de faire un « *Appel* » à tous ceux qui ont quelque titre et un intérêt réel à s'occuper de l'organisation des *Hautes-Études*.

Il y a dix, vingt, cinquante manières de s'y prendre. La meilleure sera celle qui ralliera à la fois le plus grand nombre d'adhérents et la plus grande somme de savoir et d'énergie. La discussion publique seule peut la dégager des autres.

En attendant, et *simplement pour fournir un point de départ à cette discussion*, j'exposerai quelques idées sur des mesures qu'il serait possible de prendre. On pourra les rejeter entièrement ou en retenir une partie seulement, sans que cela importe le moins du monde au résultat final que nous cherchons à atteindre.

Au *Congrès des Architectes* de 1885, j'ai fait une conférence sur les *Hautes-Études d'architecture*, sous la présidence de mon cher et bien regretté ami Questel; mais cette conférence n'ayant pas été prévue dans le dispositif du Congrès, elle me fut demandée la veille seulement du jour où elle devait être prononcée... devant une trentaine d'auditeurs! On le comprend, cette conférence improvisée ne pouvait pas avoir pour objet une entrée en campagne avec un but pratique (1).

Toutefois, préparer les esprits par des conférences sera toujours fort utile. On trouvera facilement des conférenciers de bonne volonté et de savoir : à l'*Institut*, à l'*École*, parmi les membres des *Sociétés d'Architecture*, les *Romains*, les *Diplômés*, les *Diocésains* ou les *Indépendants*. Organiser ces conférences sera une des fonctions importantes de la *Commission d'élaboration des Hautes-Études*, dont nous allons parler, et quelle que soit l'origine de celle-ci.

Au point de vue immédiatement pratique, il serait peut-être désirable que l'un de nos corps constitués prît l'initiative, en effet, de nommer une *Commission d'élaboration des voies et moyens*, et de la choisir parmi ses propres membres; des délégués représentant les autres groupes constitués et les Indépendants, qui voudraient s'intéresser à la cause du haut enseignement, seraient invités à s'y adjoindre.

A défaut d'un des corps constitués, un Indépendant pourrait se charger de donner le branle.

Admettons qu'une première *Commission d'élaboration* soit formée. Elle devra tout d'abord préparer le programme, revisable, de ce qui constitue les *Hautes Études en Architecture*, et organiser ensuite le *Congrès* auquel ce programme provisoire devra être soumis. Le Congrès voudra peut-être nommer à son tour une *Commission d'Étude* pour discuter le programme contradictoirement avec ses auteurs. Mais l'accord une

---

(1) Un ami m'affirme que le public était devenu nombreux avant la fin de la conférence. Je ne l'avais pas remarqué.

fois obtenu sur le programme, une nouvelle réunion du Congrès aurait lieu pour l'approuver définitivement, à moins que, d'avance, la double *Commission* (d'élaboration et d'étude) soit investie des pleins pouvoirs des intéressés, ce qui permettrait une action plus rapide.

Finalement, le programme et « les voies et moyens » discutés et arrêtés, des délégués auraient à présenter au Ministre compétent le programme et le projet d'organisation préparés, à les défendre devant lui et à lui demander le concours du gouvernement pour les dépenses d'installation, etc.

A moins toutefois que le Congrès ne soit assez zélé pour vouloir agir en toute indépendance, en dehors de toute intervention officielle, c'est-à-dire par sa propre initiative et sous sa propre responsabilité — à l'américaine ou à l'anglaise, — en faisant appel à la bonne volonté de tous et en réduisant la dépense au minimum. C'est le système qui aurait toutes mes préférences personnelles. Qu'on se le rappelle d'ailleurs, nos ministres s'occupent surtout, aujourd'hui, à restreindre énergiquement les dépenses, et ils ont raison.

Mais une semblable affirmation d'indépendance est-elle probable ou possible aujourd'hui encore en France (1)?

---

(1) « L'*École libre des sciences politiques* » fut fondée cependant, en 1871, par l'initiative privée, et aujourd'hui son succès paraît fort grand. Les commencements furent très pénibles, et supportés avec un courage qui n'a jamais faibli.

« L'*École spéciale d'architecture* » fut également une œuvre où l'initiative privée eut une grande part. Toutefois, le Gouvernement avait assisté l'entreprise dès son origine en lui accordant des bourses et des demi-bourses ; ce qui dans les circonstances, n'était pas sans inconvénient, puisque la nouvelle école entrait en concurrence avec les ateliers libres d'ancienne fondation déjà, qui jamais ne reçurent d'assistance officielle.

Il y aurait bien d'autres procédés à examiner; mais ils se présenteront d'eux-mêmes le jour où la question viendra définitivement en discussion. Le plus simple de tous (s'il est *impossible* de faire davantage aujourd'hui) serait peut-être, soit d'élargir considérablement tel programme de l'enseignement existant déjà à l'*École des Beaux-Arts*, soit d'y créer une chaire spéciale des *Hautes Études*, que complèteraient des travaux de dessins que les élèves exécuteraient à l'atelier. Ce serait toutefois une solution déplorablement modeste.

L'*École de Rome* trouverait certainement une gloire supérieure à tout ce qu'elle a jamais connu, à organiser chez elle les Hautes Études. Les *Sociétés d'Architecture*, les *Diplômés*, les *Diocésains*, un groupe d'*Indépendants* pourraient aussi prendre l'initiative.

En tous cas, l'important c'est d'agir, d'agir promptement et d'aboutir.

Note E

Une question se présentera, je la signale d'avance. Les Hautes-Études embrassent les sciences mécaniques et physico-chimiques de la construction, aussi bien que celles de l'histoire de l'art, de l'esthétique, et de la composition et pratique architecturales. Il faudra autant de commissions spéciales que de divisions bien accusées dans l'ensemble des Hautes-Études. Il importe donc que l'on s'assure, pour le groupe général, du concours des hommes les plus compétents *sous tous les rapports*. Or il y a des ingénieurs savants, qui ont non seulement fait leurs preuves de science, mais qui ont aussi étudié à fond l'architecture. Qui aurait repoussé le concours de Léonce Reynaud, s'il vivait encore et qu'il offrît ses services au groupe des Hautes-Études? Eh bien! il a laissé après lui des constructeurs savants, qui ont étudié comme lui et aussi à fond que lui l'art architectural. On peut citer de suite Dartein, professeur d'architecture; Dieulafoy, élève de Viollet-le-Duc, et le grand fouilleur de la Perse antique Choisy, l'auteur de l'*Art de bâtir chez les Romains, chez les Byzantins*, etc., Tous ont con-consacré de longues années à l'étude de notre art et ont même éclairci bien des points de son histoire qui étaient restés avant eux dans l'obscurité. Leur concours sera-t-il ou non invoqué? A mon avis, ce serait un acte de sagesse. Et ce serait peut-être le commencement de l'unification du grand corps des constructeurs, corps *savant et artiste*; ce serait peut-être le premier pas vers la reconstitution d'une unité brisée par suite de préjugés malheureux. Il y aura là, en tous cas, une question à examiner tranquillement et mûrement.

———

— Le ton du jour n'étant pas précisément le désintéressement — fruit de l'arbre de la *Sottise naïve* et non de la *Science*, de l'avis de trop de gens, — on me demandera peut-être quel rôle personnel je me réserve dans tout cela.

Simplement celui de conseiller... si on me fait l'honneur de me demander des conseils!

Si j'avais quinze à vingt ans de moins... mais l'âge est comme le bossu malicieux grimpé sur le dos de Sinbad le marin (des *Mille et une Nuits*); dès qu'il s'est assis sur nos épaules, c'est une charge dont on ne se débarrasse plus. Mettre mon expérience et mes longues réflexions au service de confrères plus jeunes, voilà désormais mon rôle, mon devoir et mon plaisir.

César DALY.

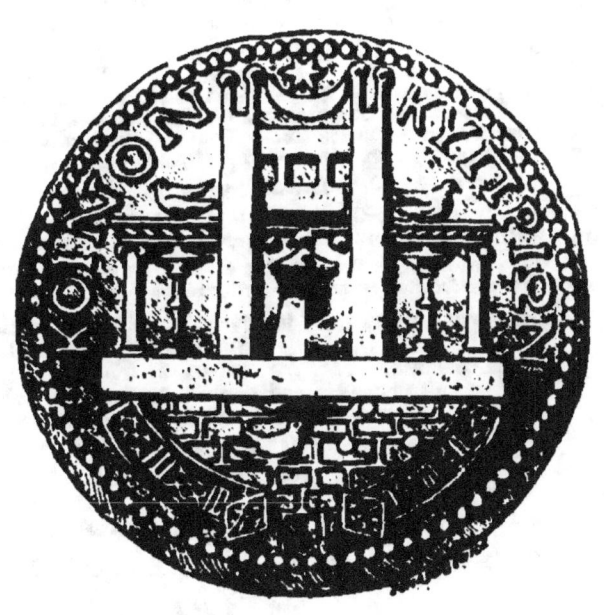

REVUE GÉNÉRALE DE L'ARCHITECTURE ET DES TRAVAUX PUBLICS

Journal des Architectes, des Archéologues, des Ingénieurs, des Entrepreneurs et des Industriels, publié sous la direction de M. CÉSAR DALY. — Sous-Directeur, M. MARCEL DALY, ingénieur.

48 années d'existence. — 12 livraisons par année. — 70 à 72 planches, hors texte, gravées ou en chromolithographie. — 18 à 20 feuilles de texte illustré par de nombreuses gravures sur bois ou clichés. — Format grand in-4°. — 44 volumes publiés, dont les 30 premiers sont accompagnés d'une Table générale analytique.

Les quatorze premiers volumes d'une nouvelle Série sont publiés; le quinzième (45° de la collection générale, année 1888) est en cours de publication.

ABONNEMENT ANNUEL : Paris, 40 fr. — Départements, 45 fr. — Étranger, 50 fr.

Les abonnements combinés de la REVUE D'ARCHITECTURE *avec la* SEMAINE DES CONSTRUCTEURS *sont réduits à 54 fr. pour Paris, 61 fr. pour les départements et 66 fr. pour l'étranger au lieu de 65 fr., 72 fr. et 80 fr.*

TABLE GÉNÉRALE, analytique et alphabétique des volumes 1 à 30 de la *Revue générale de l'Architecture et des Travaux publics*. — 1re Partie : Texte. — 2e Partie : Gravures, Chromos et Dessins.

Au moyen de cette Table, très développée, la collection de la *Revue d'Architecture* devient une véritable Encyclopédie, un Dictionnaire d'Architecture d'une richesse de spécimens gravés tout à fait unique.

1 vol. gr. in-4°, même format que la *Revue*.

LA SEMAINE DES CONSTRUCTEURS

Journal hebdomadaire, *illustré*, des travaux publics et privés, sous la direction générale de M. CÉSAR DALY. — Sous-Directeur, M. MARCEL DALY, ingénieur.

Architecture. — Génie civil. — Travaux publics et particuliers en cours d'exécution. — Industries du bâtiment. — Matériaux. — Chantiers. — Installations. — Inventions. — Études techniques. — Applications nouvelles. — Jurisprudence. — Concours publics. — Expositions. — Comptes rendus des Sociétés savantes. — Bibliographie. — Journaux étrangers. — Curiosités. — Ventes. — Adjudications. — Prix courants. — Cours de la propriété foncière. — Chronique financière, etc., etc.

Paraissant tous les Samedis.

52 numéros gr. in-4°. — 1040 pages de texte par année. — Très nombreuses figures et illustrations (Gravures techniques, Croquis, Dessins de tous ordres, etc.) dans le texte.

Table générale détaillée à la fin de chaque volume.

Les 11 premières années sont en vente. — La douzième (1887-1888) est en cours de publication.

ABONNEMENTS partant du 1er janvier et du 1er juillet de chaque année :

Paris . . . . un an, 25 fr. — six mois, 13 fr.
Départements . . . . un an, 27 fr. — six mois, 15 fr.
Étranger { 1re zone postale : un an, 30 fr. — six mois, 16 fr.
{ 2e zone postale : un an, 34 fr. — six mois, 18 fr.

Pour les pays non compris dans l'Union postale, le port en sus.

Les dix premières années, terminées chacune par une Table générale des matières, très développée, se vendent séparément.

Le prix de l'abonnement annuel à la

SEMAINE DES CONSTRUCTEURS

est réduit à :

Pour les abonnés de la *Revue générale de l'Architecture et des Travaux publics* :
Paris, 14 fr. — Départements, 16 fr. — Étranger : 1re zone, 20 fr.; 2e zone, 24 fr.

Pour les abonnés aux *Croquis d'Architecture* et au *Recueil d'Architecture* :
Paris, 16 fr. — Départements, 18 fr. — Étranger : 1re zone, 22 fr.; 2e zone, 26 fr.

BIBLIOTHÈQUE DE L'ARCHITECTE
Par M. CÉSAR DALY

MOTIFS HISTORIQUES D'ARCHITECTURE ET DE SCULPTURE D'ORNEMENT, pour la Composition et la Décoration des Édifices publics et privés.

Choix de fragments empruntés à des Monuments français depuis le commencement du XVIe siècle jusqu'à la fin du XVIIIe.

Époques :

Louis XII. — François Ier. — Henri II. — Henri III. — Henri IV. — Louis XIII. — Louis XIV. — Louis XV. — Louis XVI.

1re *Série :* DÉTAILS EXTÉRIEURS. — Ensembles de façades. — Portes. — Fenêtres. — Lucarnes. — Clôtures. — Souches de cheminées. — Balcons. — Corniches. — Etc.

2 vol. in-fol. — 196 planches gravées.

2e *Série :* DÉCORATIONS INTÉRIEURES. — Intérieurs d'appartements. — Cheminées. — Plafonds. — Trumeaux. — Portes. — Boiseries. — Encadrements de glaces. — Escaliers. — Alcôves. — Etc.

2 vol. in-fol. — 200 pl. gravées ou en chromolithographie.

L'ARCHITECTURE PRIVÉE AU XIXe SIÈCLE. — Nouvelles Maisons de Paris et des Environs.

Tome Ier du Ier Vol. : Hôtels privés. — Tome II du Ier Vol. : Maisons à loyer. — Tome III (2e Vol.) : Villas et Habitations de campagne.

Première série.

Étude spéciale de la distribution des Plans et de la physionomie des Ensembles. — Élévations, plans, coupes et détails à grande échelle.

3 vol. in-fol. — 227 planches dont 9 doubles, soit 236 planches en tout. — Texte descriptif et Prix de revient.

Douzième série.

Détails techniques et esthétiques. — Petites Villas, Écuries, Remises et autres Dépendances, Pavillons, Kiosques, Maisons de gardes, Loges de jardiniers, Plans de Jardins, Embarcadères, etc. — Boutiques, Magasins, etc. — Décorations extérieures et intérieures.

3 vol. in-fol. — 236 planches et texte.

Troisième série.

Décorations intérieures peintes : Salons, Salles à manger, Chambres à coucher, Cabinets, Fumoirs, Vestibules, Antichambres, Cages d'escaliers, Bibliothèques, Salles de bains, Salles de billard, Galeries, etc.

2 vol. in-fol. — 110 planches en couleurs.

L'ARCHITECTURE FUNÉRAIRE CONTEMPORAINE. — Spécimens de Tombeaux, Mausolées, Chapelles funéraires, Sarcophages, Stèles, Pierres tombales, Croix, etc.

1 vol. in-fol. — 120 planches, dont plusieurs en couleurs. — Texte explicatif, avec une nouvelle classification des Monuments funèbres d'après les trois idées fondamentales : *la Foi, la Mort, la Glorification*, que doivent exprimer ces monuments.

CHOIX DE TOMBEAUX MODERNES. — Chapelles. — Mausolées. — Sarcophages. — Stèles. — etc. (Extrait de l'*Architecture funéraire contemporaine.*)

Un album grand in-fol. — 50 planches gravées.

LES THÉATRES DE LA PLACE DU CHATELET, A PARIS. — En collaboration avec feu G. Davioud, ancien architecte de la Ville de Paris.

1 vol. in-fol. — 64 planches, dont plusieurs en couleurs. — Texte descriptif d'environ 50 pages, même format, contenant une étude nouvelle sur la Machinerie, le Chauffage et la Ventilation des Salles de spectacle en général.

MOBILIER D'ÉGLISES. — Spécimens choisis des divers styles depuis le XI° siècle jusqu'à nos jours.

I. — Ouvrages en pierre, en marbre et en fer. — Autels. — Croix. — Cuves baptismales. — Bénitiers. — Chaires à prêcher. — Appuis de communion, etc.

1 beau vol. grand in-4°. — 65 planches gravées sur acier.

II. — Ouvrages en bois. — Chaires à prêcher. — Confessionnaux. — Stalles. — Croix. — Bancs-d'œuvre. — Lutrins. — Chapiers. — Clôtures, etc.

1 beau vol. grand in-4°. — 65 planches gravées sur acier.

Chacun des 2 volumes est complet en soi, et se vend séparément.

MOTIFS DIVERS DE SERRURERIE (*Extrait de la Revue générale de l'Architecture et des Travaux publics, et des divers autres ouvrages de M. César Daly*).

1re Partie. — Serrurerie ancienne et Ferronnerie. — Grilles. — Heurtoirs. — Impostes. — Balcons. — Croix. — Amortissements. — Girouettes. — Clôtures. — Etc.

Album de 35 planches gravées.

2e Partie. — Serrurerie moderne. — Grilles. — Clôtures. — Balcons. — Rampes. — Etc.

Album de 30 planches gravées.

Chacune des deux parties est complète en soi et peut se vendre séparément.

COURS DE CONSTRUCTIONS. — Portefeuille des Officiers-élèves de l'École d'Application de l'Artillerie et du Génie. — Albums de planches d'Architecture et de Constructions, choisies dans les divers ouvrages de M. César Daly.

1re *Série*: Maisons et Hôtels : façades, plans, détails des façades. — 40 planches, in-4° colombier, titre et table. 2e *Série*: Maisons et Hôtels : façades, plans, détails des façades. — 50 planches, in-4° jésus, titre et table.

3e *Série*: Détails de Fermes et de Couvertures. — 50 planches, in-4° jésus, titre et table.

Chaque Série se vend séparément.

DES CONCOURS POUR LES MONUMENTS PUBLICS, dans le Passé, le Présent et l'Avenir, avec dédicace à M. Prosper Mérimée.

Brochure grand in-8° de 60 pages.

DE LA SOCIÉTÉ ET DE L'ARCHITECTURE, à propos de notre Architecture funéraire.
Brochure grand in-8°. — 20 pages.

INGÉNIEURS ET ARCHITECTES. — Brochure grand in-8°. — 12 pages.

www.ingramcontent.com/pod-product-compliance
Lightning Source LLC
Chambersburg PA
CBHW030056230526
45471CB00003B/1123